Tengo valores

Libro de lectura con actividades

LAROUSSE

Dirección editorial
Tomás García Cerezo

Coordinación de contenidos
Yanitza Pérez y Pérez

Contenidos
Maricela Torrejón Becerril

Coordinación de edición técnica
Héctor Rafael Garduño Lamadrid

Diseño y formación
María de Lourdes Guzmán Muñoz

Corrección
Evelín Ferrer Rivera

Coordinación gráfica
Mónica Godínez Silva

Asistencia gráfica
Marco A. Rosas Aguilar, Rubén Vite Maya

Ilustración
Ricardo Manuel Anaya Sandoval

Diseño de portada
Ediciones Larousse, S.A. de C.V., con la colaboración
de Nice Montaño Kunze

Revisión técnica y preprensa
Javier Cadena Contreras

© MMXVIII Ediciones Larousse, S.A. de C.V.
        Renacimiento 180, Col. San Juan Tlihuaca,
        Delegación Azcapotzalco, 02400,
        Ciudad de México

ISBN: 978-607-21-1820-1

Primera edición - Segunda reimpresión

Este libro se terminó de imprimir y encuadernar
en el mes de marzo de 2019, en los talleres de
Litografía Magno Graf, S.A. de C.V., con domicilio en
Calle E No. 6, Parque Industrial Puebla 2000,
C.P. 72225, Puebla, Pue.

Presentación

Los niños en edad preescolar tienen un pensamiento egocéntrico, por lo que les cuesta trabajo entender el punto de vista del otro, es por eso que requieren del apoyo de un adulto que los vaya guiando y les ayude a entender y a adquirir los lineamientos morales que les ayudarán a relacionarse y a vivir en armonía con los que lo rodean.

Esta serie tiene como finalidad apoyar a los padres de familia y a los educadores en la enseñanza de los niños, con situaciones que les sean familiares y que les muestren la importancia de vivir con valores.

Para iniciar, se plantea una breve historia de una situación que les resulte familiar, se continúa con ejercicios con imágenes para colorear, que le faciliten al niño la comprensión de cada uno de los valores planteados.

Índice

Tengo valores

Cooperación

Todas las mañanas Mari va a una escuela que le gusta mucho porque siempre hay algo nuevo que hacer y que conocer, además, juega mucho con los niños. En su escuela hay salones y un jardín muy grande, pero está un poco descuidado.

Como el jardín de una casa o de una escuela son espacios para jugar, caminar, correr o hacer un día de campo, su maestra organizó que arreglaran el jardín con los papás, las mamás y los niños, porque le hacían falta plantas, flores y, por qué no, árboles frutales.

La maestra hizo una lista para que los papás se anotaran y cooperaran con lo que pudieran.

COOPERACIÓN PARA ARREGLAR EL JARDÍN

Herramientas
Árboles frutales
Pasto
Tierra
Plantas
Agua de limón
Sándwiches
Pepinos
Postres

Los papás de Mari cooperaron con una planta de alcatraces, un limonero, agua de limón, pepinos y tortas de jamón para compartir.

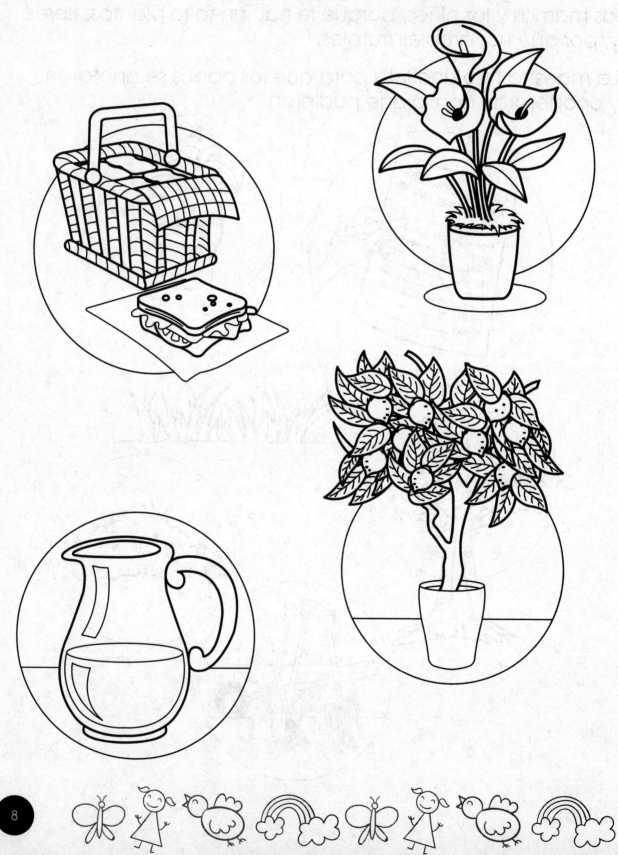

Pusieron juntos los árboles frutales, las plantas, el pasto, la tierra y las herramientas para ver lo que reunieron con la cooperación de todos y para ponerse de acuerdo en cómo los iban a colocar.

La comida y el agua fresca la pusieron en otro lugar.

Todos se pusieron a cavar, sembrar, regar y cargar, y al terminar, lograron ¡el más hermoso jardín que hayan visto!

Después de admirarlo todos se sentaron a disfrutar de la comida y el agua fresca que trajeron para compartir.

La cooperación es trabajar juntos para lograr algo.

David coopera en su casa regando las plantas de su jardín.

O Remarca las líneas punteadas.

Para mantener un parque bonito hay que cooperar recogiendo la basura que encuentres.

Una manera de cooperar en casa es guardando tus juguetes cada vez que termines de jugar.

○ Colorea tus juguetes preferidos.

Hay que cooperar recogiendo las heces de tu
mascota para que el ambiente esté limpio.

La maestra les pide a los niños que cuando terminen de ocupar las crayolas las coloquen en su lugar.

O Colorea las crayolas de diferentes colores.

15

Para celebrar una cena familiar todos cooperan con deliciosos platillos.

En el salón de Mari van a hacer una fiesta y cada niño cooperará con un adorno.

O Continúa cada adorno hasta completar la hilera.

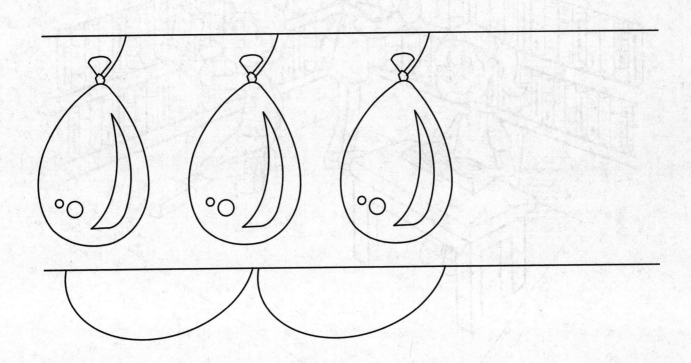

Cada vez que termines de ver un libro puedes
cooperar colocándolo en su lugar.

Cuando te pones tu pijama para dormir coopera colocando la ropa sucia en su lugar.

O Une con una línea la ropa que debes poner en el cesto de la ropa sucia. Coloréala.

Tengo valores

Gratitud

Isa y Lu son primas y se quieren mucho. Un día estaban en casa de Lu y su mamá invitó a Isa a dormir. Las dos niñas brincaban de emoción porque juntas se divierten mucho.

Como no estaba planeado, Isa no llevaba ni pijama, ni toalla, ni ropa para el siguiente día. Pero no hubo problema, ya que su tía le prestó de todo. Al terminar de bañarse le dieron una toalla e Isa dio las gracias y de inmediato se secó.

Se pusieron el pijama y las pantuflas.

—Gracias Lu —dijo Isa— y se fueron a cenar.

De cena habían unos deliciosos panecitos con chochitos de colores, leche y plátano. Les gustaba mucho cenar juntas y cuando eran panecitos con chochitos y los mordían, caían en el plato y con esos siempre formaban florecitas.

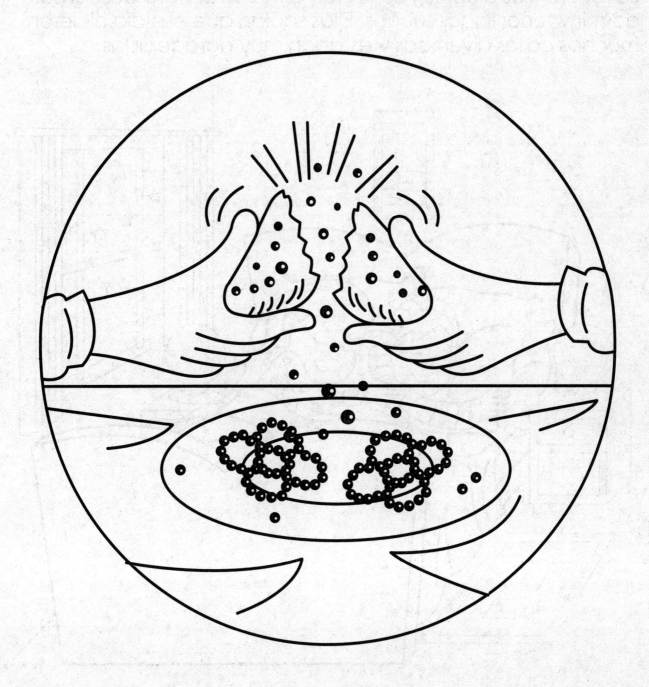

Cuando terminaron de cenar dieron las gracias por la rica y divertida cena, pues cada una hizo cinco florecitas en su plato.

Se lavaron los dientes y se fueron a la cama para descansar, dormir y tener lindos sueños. Ellas sabían que ese día hicieron muchas cosas divertidas y estaban muy agradecidas.

Lu e Isa saben que agradecer es sentirse felices por todo lo que reciben.

Tina aún no puede amarrarse sus zapatos pero Mateo le ayuda a hacerlo. —¡Gracias por ayudarme Mateo!

O Colorea con color café los zapatos con agujetas que se deben amarrar.

Cuando te pesa mucho cargar una bolsa
y tu mamá te ayuda, debes darle las gracias.

Sofía estaba corriendo en el jardín y se resbaló al pisar el lodo, un compañero vio lo que pasó y la ayudó a levantarse.

O Colorea la escena donde la niña está agradecida.

27

El papá está muy agradecido porque su hija le sostiene la escalera para que no se caiga.

Moni y su mamá compraron fruta y ella coloca las manzanas en el frutero.

—¡Gracias por acomodar las manzanas! —le dice su mamá

O Colorea con crayón las manzanas.

Se agradece cuando tienes frío y te dan una chamarra para taparte.

A Nani le gustan mucho los helados, y su tía le compró uno de fresa con chocolate.

—¡Qué rico helado! gracias tía.

O Repasa el cono y el helado siguiendo las líneas punteadas, después, coloréalo.

—¡Gracias por el pañuelo! Ahora me puedo limpiar la nariz.

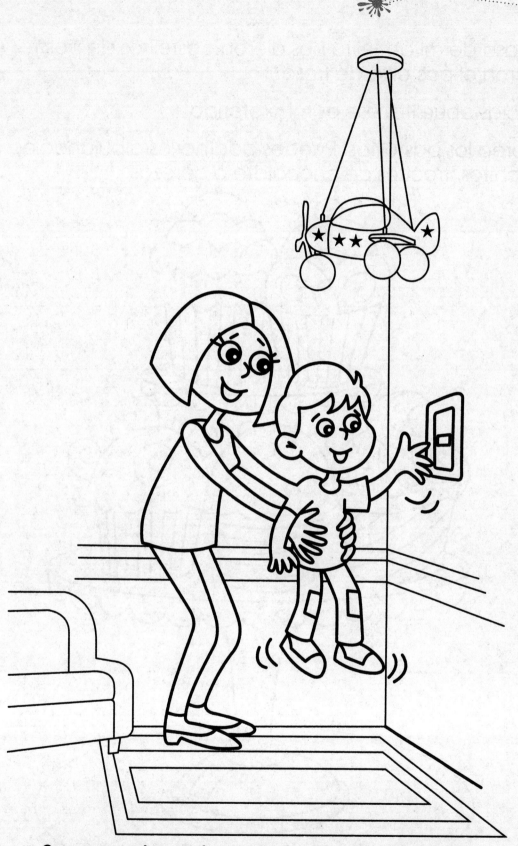

Se agradece la ayuda de los demás.

En la casa de mi abuelita nos dieron pastelitos de postre. A mí me dieron el pastelito de fresa.

—¡Gracias abuelita, ése es mi preferido!

O Colorea los pastelitos. Puedes adornarlos dibujándoles chochitos, trocitos de chocolate o cerezas.

Tengo valores

Paciencia

Era sábado y los papás de Paula planearon ir al zoológico al día siguiente, ya que a ella le gustaba mucho ver cómo viven los animales y verlos de cerca. Cada año la llevan de paseo al zoológico porque, además, se sube a los juegos del parque y le gustan mucho las jícamas en forma de paleta que venden ahí.

Definitivamente era un hermoso paseo.

El sábado Pau no podía dormir por la emoción.

—Tranquila, duerme, que el mañana ya llegará —le decía su papá.

Algo que la ayudó a dormir fue imaginarse a sus animales preferidos: el elefante gris, la jirafa con cuello largo, el oso polar completamente blanco, los flamencos rosas y los hipopótamos grises.

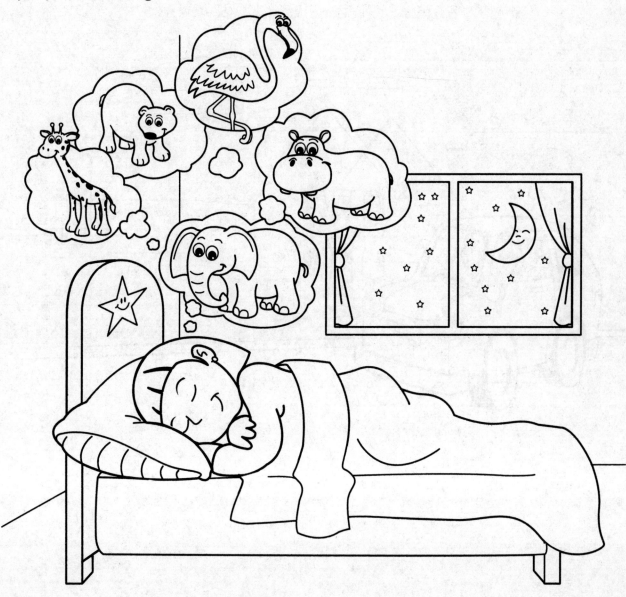

¡Y llegó el domingo! Pau fue la primera de la familia que se despertó. Cuando despertaron los papás le dieron una muy buena noticia a Pau… ¡iría con ellos su primo Sebastián! Y lo recogerían en su casa después de desayunar. Por más que Pau trató de comer despacio su desayuno, terminó primero que sus papás, fue tan veloz como si estuviera participando en una competencia.

Finalmente, se dirigieron al zoológico. Pau y Sebastián brincaban y corrían, pues ya querían entrar.

Primero compraron los boletos, así que debían esperar un poco porque había mucha gente formada queriendo entrar al zoológico.

Al entrar, lo primero que vieron fue a ¡los elefantes! Y luego los leones y las jirafas, luego, a los changos y al oso polar....

En ocasiones hay que tener paciencia para que llegue lo que tanto deseas.

Pau vio que aun cuando los animales del zoológico tienen mucha hambre, deben esperar y ser pacientes para que los alimenten los cuidadores.

O Relaciona con una línea a cada animal con el alimento que come y colorea los animales.

Debes tener mucha paciencia cuando armas un rompecabezas.

Los árboles necesitan tiempo y cuidado para crecer.
Y después de un tiempo y sin que te des cuenta, ves fruta
colgada de ellos.

O Colorea las manzanas del árbol y dibuja dos más en la
canasta.

Para que puedas comer el pay de manzana que tanto te gusta, tienes que ser paciente y esperar a que se hornee bien.

Sebastián vio que en el jardín había una oruga colgando y todos los días la observaba para ver si ya se había convertido en una bella mariposa. Tuvo que ser paciente y esperar un par de semanas para poder verla volando en su jardín.

O Dibuja y colorea como te imaginas las alas de la mariposa.

En ocasiones tienes que tener paciencia para poder pasar al baño.

Cada domingo el papá de Pau le compra un helado de fresa con chocolate porque es su preferido. Pau tiene que esperar a que llegue el domingo para disfrutar su helado.

O Dibuja tres bolas de helado sobre el cono. Remarca las líneas punteadas del cono.

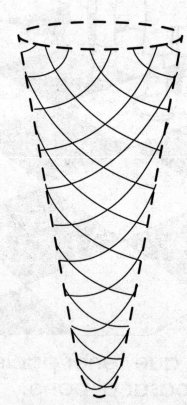

Hay ocasiones en que tienes que ser paciente
y esperar para que te regalen la muñeca
que tanto te gusta.

Sebastián tiene un perro que se llama Lasi y es muy listo.
Le está enseñando a jugar con la pelota, pero hay que
tener paciencia y llevarlo al parque varias veces para que
aprenda.

O Remarca las líneas punteadas.

Cuando te vas a echar por la resbaladilla
debes tener paclencia y esperar tu turno.

Tengo valores

Perseverancia

Iñigo, el primo de Carlos, le regaló su bicicleta porque ya le quedaba muy chica. Carlos sabía andar en triciclo, pero no en bicicleta, así que tenía que aprender.

Su papá lo va a llevar al parque para enseñarle porque ahí hay caminitos donde puede andar en bicicleta.

Desde el primer día que fueron al parque con la bici, Carlos tuvo que ponerse un casco y unas rodilleras, pues era muy probable que se cayera y de esa manera se protegería.

El primer día a Carlos y a su papá les fue muy bien; se montaba en la bici, tomaba firmemente el manubrio, y su papá lo sostenía del asiento, sin soltarlo, para que pudiera sentirse seguro, porque su bici era más grande que el triciclo.

Carlos estaba muy confiado porque se le había hecho sencillo andar en bici; sin embargo, cuando su papá soltaba el asiento para que él pudiera hacerlo solo, ¡perdía el control!

Aun cuando Carlos se cayó varias veces, no había día en que no le dijera a su papá que lo llevara al parque para que lo volviera a intentar.

En una ocasión Carlos se cayó y se raspó un dedo, pero eso no le importaba, porque él lo que quería era ¡andar en bicicleta como su primo Iñigo!

Cuando su papá no lo podía llevar al parque, Carlos se montaba en su bici, la cual se encontraba en el patio de su casa, y aunque no pedaleaba, trataba de guardar el equilibrio para practicar.

Cuando el papá observó que Carlos estaba empeñado en aprender a andar muy bien en bici, procuró llevarlo al parque casi todos los días hasta que lo lograra y… ¡lo logró!

Carlos se sintió muy bien cuando vio que si se propone algo y persevera, lo alcanza.

A Juli le gusta mucho subirse a los columpios, pero aún no aprende a columpiarse. Su amiga le enseñó cómo mover las piernas para lograrlo. Juli tiene que practicar.

O Remarca todas las líneas punteadas.

Para lograr encestar una pelota de basquetbol necesitas perseverar intentándolo muchas veces.

Para que un ave aprenda a volar debe intentarlo muchas veces y perseverar para volar muy alto.

O Colorea las plumas del ave.

Asistir constantemente a clases de natación
te ayudará a aprender a nadar como un pez.

Para aprender a escribir los números necesitas practicar su trazo las veces que sea necesario y lo lograrás.

O Sigue la línea que une a cada número con su cantidad correspondiente de estrellas.

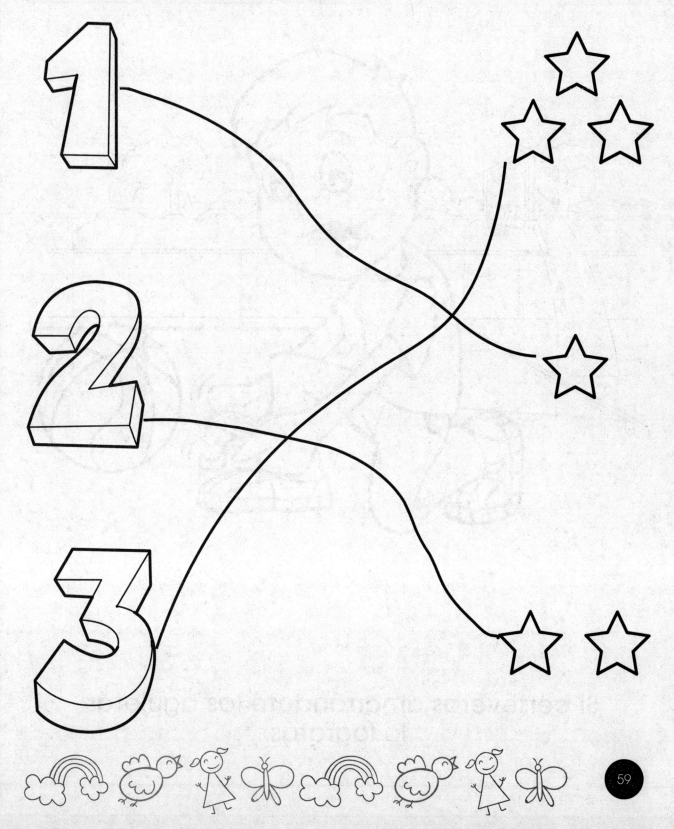

Si perseveras amarrándote las agujetas
lo lograrás.

María está aprendiendo a botar la pelota que le regaló su mamá, y ella practica todos los días.

O Circula la pelota 5 veces.

Si quieres ser un buen goleador, persevera
practicando para lograrlo.

Pablo quiere trepar el árbol de naranjas para arrancar una.
Tiene que intentarlo muchas veces para lograrlo.

○ Dibuja las naranjas.

Persevera en trabajar en la escuela y lograrás aprender muchas cosas nuevas.

Tengo valores

Responsabilidad

Pedro está muy contento porque le regalaron un perrito la semana pasada. Siempre quiso tener una mascota para jugar.

Pedro lo llamó Cachirulo y muy rápido se hicieron muy buenos amigos. Pedro tuvo que aprender a bañarlo, alimentarlo, pasearlo y cuidarlo, pero Cachirulo necesitaba más que eso, como es un ser vivo también hace pipí y popó, y cada vez que hacía sus necesidades, Pedro tenía que recogerlas.

Un día jugando en el jardín con una pelota, Cachirulo aprendió a atraparla. No importaba el color de la pelota, Cachirulo sabía que era una pelota y siempre iba tras ésta para tomarla con sus dientes y devolvérsela a su amigo Pedro, quien se la lanzaba una, dos, tres, cuatro y cinco veces… ninguno de los dos se cansaba.

Como había llovido el día anterior, Cachirulo se ensució con lodo y Pedro lo tuvo que bañar con agua y jabón.

Cachirulo quedó listo para dormir con Pedro.

Pedro se dio cuenta de que tener una mascota es una gran responsabilidad.

María tiene un gato llamado Lilo y es muy grande. Siempre le tiene un plato con agua para que se refresque.

O Colorea el gato con color café. Dibújale la cola a Lilo.

Es tu responsabilidad preparar lo que necesitas
para ir a tu clase de natación.

Cada mañana que Regina va a la escuela es responsable de cargar su lonchera con los alimentos que su mamá le preparó.

⭘ Colorea los alimentos que te gustaría llevar en tu lonchera para el almuerzo.

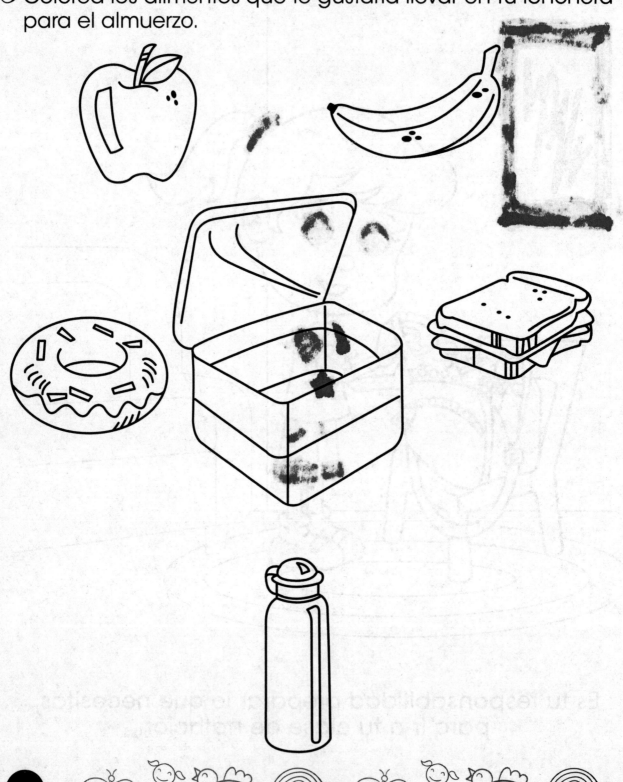

Cada vez que terminas de jugar con tu hermano es su responsabilidad guardar los juguetes.

Cuando te bañas, necesitas varios objetos que tu mamá tiene para que seas responsable de usarlos y tener una buena higiene.

○ Encierra con círculos de colores los objetos que usas para bañarte y tacha los que no necesitas.

Ser responsable es que cada vez que termines
de trabajar recojas los materiales que ocupaste.

Los animales necesitan ciertos cuidados, como alimentarlos, bañarlos y pasearlos.

O Colorea el sol que está arriba del animal que tú sí puedes pasear.

Hacer la tarea demuestra tu responsabilidad.

En la escuela y en la casa nos han dicho que la envoltura de las golosinas se deben tirar en la basura para mantener limpio nuestro espacio. Es mi responsabilidad hacerlo.

○ Une con una línea el dulce con su silueta.

Ser responsable es levantarte y alistarte para llegar a tiempo a la escuela.

Tengo valores

Compartir

Luciana y su abuelita, a quien le llama Tata, van con frecuencia al parque, pues a ella le gustan los juegos, las plantas y los perritos que llevan a pasear.

Un día fueron las dos, y Luciana se subió a la resbaladilla con una amiga que se llama Elisa.

De pronto, llegó el vendedor de globos, las dos amigas corrieron hacia él. Luciana vio ¡un globo rosa, uno morado y uno verde! Siempre quiso tener globos que fueran de esos colores, pues eran sus favoritos, y fue con su Tata, quien le compró los tres globos.

Luciana le mostró sus globos a su amiga y se dio cuenta de que ella no tenía nada. Elisa le dijo que si ella hubiera podido comprar uno hubiera escogido el morado. Luciana se lo dio y así las dos pudieron jugar con ellos en el parque.

Ambas vieron que es muy bueno compartir.

O ¿Recuerdas de qué color era el globo que le **compartió** Luciana a su amiga?, píntalo. Después, los otros dos globos del color que les corresponda. Al terminar, con el color que más te guste, repasa el cordón de cada uno.

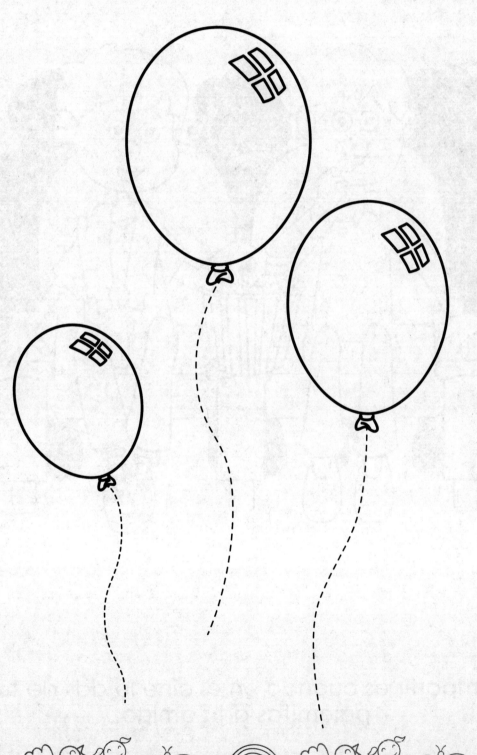

Compartir es cuando en el cine le das de tus
palomitas a tu amigo.

En tu almuerzo te pusieron galletas, dibuja en el plato de tu amigo las galletas que le quieras compartir. Recuerda ponerle chispas de chocolate con el color café.

Compartes cuando todos usan tu pelota para jugar en el jardín.

Está lloviendo y tu mamá y tú sólo tienen un paraguas que comparten para no mojarse.

O Colorea con gises azules las gotas de lluvia.

Compartir es prestarle tu pegamento a tu amiga cuando no trae el suyo.

Ale y Diego tienen unas paletas de caramelo. Colorea con color rojo la estrella de la imagen donde el niño está compartiendo una.

Compartes cuando le das a tu hermana
la mitad de tu pan.

Es cumpleaños de Lola y va a darles a sus invitados una bolsita con dulces y una sorpresa.

O Une con una línea a cada niño con un regalito.

Y también compartes al prestarle unas pantuflas
a tu prima cuando se queda a dormir
en tu casa.

Recomendaciones a los padres

Los niños pequeños tienen periodos cortos de atención. Por esta razón, el libro se ha diseñado con historias breves que pueden ser leídas en una sola sesión o en varios momentos.

Para trabajar el libro:

- Tenga el material necesario para realizar las actividades, como colores, crayones, gises de colores, lápiz y goma.

- Se recomienda leer un valor cada día para que el niño lo pueda integrar mejor.

- Al terminar cada tema le pueden contar alguna anécdota suya explicándole cómo sucedió, y después cuestionándolo sobre si a él le ha sucedido algo similar; si no lo dice a pesar de que haya sucedido, recuérdeselo.

- Trabajen en un lugar que tenga buena ventilación y luz. Si van a usar una lámpara se recomienda ponerla de lado contrario de la mano que emplee su hijo para trabajar.

- Motívelo a que realice los ejercicios solo, y si tiene alguna duda aclárela y permítale continuar.

- Dé oportunidad de que su hijo practique en casa los valores vistos; por ejemplo, permítale que le ayude en una labor doméstica propia para su edad, como poner la mesa o colocar la ropa sucia en su lugar; esto le permitirá sentirse orgulloso a ver que él "coopera" en casa como lo menciona el libro.

Para continuar trabajando:

- Cuando le suceda alguna experiencia difícil de manejar, trate de relacionarla ese mismo día con alguna historia del libro; de esta manera se dará cuenta de que son situaciones comunes y podrá reconocer y manejar mejor sus sentimientos.

- Trate de no etiquetar los sentimientos, ya que éstos por sí solos no son buenos ni malos; la reacción ante estos sentimientos es lo que puede ocasionar dificultades en la relación con los demás.

- Juegue con sus hijos a escenificar los cuentos a manera de teatro o con títeres y muñecos, ya que por su etapa de desarrollo esto les ayuda a comprenderlos mejor.

- Los niños pequeños tienen dificultad para compartir. Se sugiere que cuando tenga visitas en casa se le permita seleccionar los juguetes que ese día está dispuesto a compartir y los que no, guardarlos hasta que se vayan sus invitados, así motivarán el valor de compartir y se sentirá respetado.

- Los niños aprenden más de lo que ven a su alrededor que de lo que escuchan, es decir, aprenden con el ejemplo, por lo que se recomienda vivir en casa estos valores para que sus hijos los vayan incorporando poco a poco. Por ejemplo no se le puede pedir a un niño que sea *paciente* si usted no le tiene "paciencia" a él y se desespera con facilidad.